# Láska sama nechodí

*Mária Jurková*

Bibliografische Information der Deutschen
Nationalbibliothek:
Die Deutsche Nationalbibliothek
verzeichnet diese Publikation in der
Deutschen Nationalbibliografie, detaillierte
bibliografische Daten sind im Internet über
http://dnb.dnb.de abrufbar.

Zusammenstellung/Zostava: Marian Šujak
Illustration/Ilustrácia: Tatiana Šujaková

Hestellung und Vertrieb/
Výroba a distribúcia:
BoD - Books on Demand, Norderstedt

ISBN 978-3-748-11120-7

# Obsah

# I.

# Pieseň jari

I

Keď si jar krásu oblieka,
v srdciach znie pieseň odveká,
ktorej hlas v nás tají dych.

Je to hlas, čo nesie vzdych
nepokojných sŕdc plných túžby.
Nádherný hlas jarnej hudby.

Kto pozná jej klávesnice
a otvorí svoje srdce,
s Piesňou piesní v objatí,
lásku do sŕdc navráti.

Láska sama nechodí
a nechodí iba raz.
Celý život je lásky čas.
Šťastný, kto počuje jej hlas.

## II

Skláňam sa ku nej, voňavej mäkkej prsti.
Na jeseň zoranú poláskam medzi prsty,
so zrnkom, čo sa chystá do zrodu.

V zrkadle po snehu, ako v božom oku,
obzerá sa jar, s túžbou v mäkkom kroku.
Všetkým rozdáva z údelu posvätného.
Svadobné pierka chystá pre milého

Na kameni sedí, zlaté vlasy češe.
Krásnu pieseň spieva a vietor ju nesie
do píšťalky vŕbovej.

Otĺkaj sa, píšťalečka, otĺkaj.
Ak ti niekto srdce zranil, nevolaj.
Jarná pieseň hlása na jabloni:
Milovať je viac, ako byť milovaný.

# Prvá láska

V očiach tvojich som našla svetlo
a srdce potom ľahko vzlietlo
tam, kde býva láska

Tak vítaj, moja prvá láska!
Dar z neba i keď znie otázka,
ako ťa nazvať mám?

Si túžba mojej plachej vášne?
Si nádej, ktorá ráno zhasne?
Či si len víchor jesene,
čo čierne mraky priženie

Tak vítaj, radosť bezmenná.
Bez jediného písmena,
píše sa tvoja ozvena
do kódu môjho znamenia.

Dve srdcia bežia súhlasne.
Život sa píše do básne.
Ty moja túžba odveká
nájsť kúzlo v srdci človeka.

# Červené jabĺčko

Myslím si na teba s obdivom v srdci,
tajomne ukrytý v jarnej pokladnici.
S myšlienkou na teba krásnejšie sú dni.
V osamelej duši radosť sa narodí.

Kto našiel chodníček tvojej duši ku mne?
Všetko je nádherné ale i rozumné?
Rozum je úbožiak, srdce neposlúchne,
pokiaľ nenakreslí i srdce rozumné.

Život je prekrásny, kolíska bezmenná
keď rozum pochopí, čo ľúbiť znamená.

Účet sa neplatí, lebo ho niet.
Zadarmo je úsmev i jarný let.
Krásne je na strome červené jabĺčko.
Kotúľa sa láska a nesie slniečko.

# Mám všetko

Na ničom mi nezáleží,
keď spievajú zvony z veží
a odplašia holubice.
Keď sa zažne svetlo sviece
na dne duše.

Svet je čistý, ľudia dobrí.
Vytratia sa zlostní obri.
Slnko svieti, láme mraky.
Svet sa mení na zázraky
detských snov.

Veď mám všetko, čo mi treba.
Pohár vody, bochník chleba.
Mám kus modrej oblohy.
Spievam pieseň slobody
v krásnej vlasti.

Vraví svieca na dne duše,
veľa vecí máš navyše.
Navyše máš roh hojnosti,
len pros o dar spokojnosti

# Trnavská rovina

Okná otvorené na všetky strany,
chodníček rovný v poli vyšliapaný,
krajina dedov Bohom darovaná,
modlitba oráčov v brázdach zaoraná.

Ticho sa usmieva pod zelenou trávou.
Hľadí nôžky detí s láskavou tvárou
a ticho šepká do čistých detských duší,
ako ich zemi obloha modrá sluší,
kvietkované šaty lúky
a zlatý závoj zeme,
keď pšenica čaká na skosenie.

Zem bez sopiek a mrakodrapov,
len v letnej blýskavici z mrakov:
hlasno duní nebo žírnych polí,
aby sme všetci dobroprajní boli
a nehádzali kamene do rodných.

Nech je pokoj v tejto krásnej zemi,
kde zvon zbožným hlasom volá
aby sme žili, ako je božia vôľa,
s trpezlivou láskou a múdrosťou srdca.
Zem našu požehná láskavý sudca.

Keď slnko prestrie dúhu po kraji,
celá rovina vonia po raji.

## Láska nepriznaná

Pieseň na konci a znovu na začiatku,
strom raja za chvíľu krátku
vyrástol na pustatine.

Tichý spev v duši v spoločnom tóne,
tiché priznanie pri božom tróne.
Prijíma šťastie i ľudskú tieseň.

Láska je krásna i smutná pieseň.
Strom radosti i strom bôľu,
osamote a stále spolu.

# Pokosená púpava

Oči mám zatvorené.
Počujem, ako duní more,
praská loď a pri kormidle nikto nestojí.

Vlny prinášajú trosky k mojím nohám,
ktoré olizuje more.
Stojím na skalnatom útese,
po ktorom sa nedá výjsť hore.
Len cesta do rozbúreného mora
je otvorená.

Hospodin pomiluj.

Na krídlach mojej prosby
na roztrasených rukách pristáva motýľ.
Prináša silu nádeje, ktorá ma prenáša
cez rozbúrené more.

Už znovu stojím na rozkvitnutej lúke.
Moja lúka je jarne zelená
a pokosené púpavy kvitnú druhýkrát.

Ktosi ma miluje.

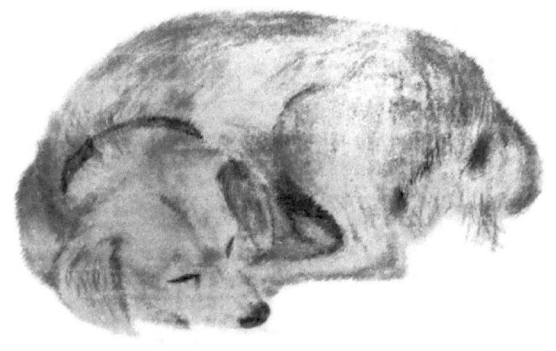

# Usínanie

Zem si odkrojila z mesiaca
a zaspala.
Aj ja si krájam smidu z čiernej tmy
a zapchávam ústa lacnej ničotnosti,
čo striehne na môj sen.

Kosý lúč Oriona preťal moju smrteľnosť.
Moje slzy, ako hviezdy,
kotúľajú sa po mliečnej dráhe.

Zaspal horizont načechranej ľudskej zloby.
A ja už znovu vešiam úsmev na okenný rám
aby sa nový deň usmial na prebudený svet.

Zem si odkrojila z mesiaca a spí.
Ráno nezbadá slzy za mojim úsmevom.

# Kotva na nebi

Za mnou si sa obzrel.
V mojej duši zaznel:
Magnifikat.

Tvoje slová - Mám ťa rád
v ružu zmenia vlčí mak.
Hodia kotvu na nebo.

Srdce zdvíha dohora.
Tichučko znie zvonkohra
Z neba padá zlatý dážď.

Zrazu sme tak bohatí.
S láskou v tvojom objatí
tiché šťastie je v nás.

Je to v nás, čo mení zem?
Možno tuším, možno viem,
možno že ťa...
Nepoviem.

# Najmilšie meno

Ovečky biele mi kladieš pod hlavu,
na bielych oblakoch zahodím únavu.

Vánok ma kolíše a meno najmilšie
zohrievam si v dlani.

Keď zídem na zem z nebeskej posteli,
ľahko si zamením čierny deň na biely.

Najmilšie meno si nesiem v dlani,
navráti mi radosť, keď ma zloba zraní.

# Vianoce detstva

Počúvam z dialky zvony zvonia,
keď nebesia sa k ľuďom sklonia.
Prinesú boží čas, detských čias.

Počujem zvony vianočné
a potom cesty polnočné,
do Betlehema k jasličkám.
Bojazlivo sa dotýkam Ježiška.

Tichá noc, noc svätá,
v jasliach božie dieťa.
Pošepkám mu tichučko:
Prosím ťa o tak máličko,
poď s nami domov, Ježiško.

Pritúlim si ťa v náručí,
Tvoje srdce ma naučí,
darovať úsmev bez rečí.

Neviem to vysloviť, čo to prišlo s tebou,
že napĺňaš srdcia dobrotou a nehou

Prosím ťa, Ježiško, už neodíď viacej.
Daruj svoje svetlo duši nevidiacej.
Tvoja hviezda svetla, hviezda trojkráľová,
vedie všetky deti do svojho domova.

# Keby som vedela

Prečo vtáčia mama i svoj život dala
za život mláďat.
Tu nik nepočíta, čo dal a čo má dať
a dnes je božia nedeľa,
len keby som vedela, čo je láska.

Chytená do tvojej siete,
všetko sa mi v mysli pletie.
Obraz beží za obrazom,
všetko splýva s tvojím hlasom.

Láskavá božia nedeľa,
viem, že dnes si videla,
stáť pri mne môjho anjela
a moju túžbu lietať s ním,
túžbu, že lásku pochopím.

Viac, ako nádej vtáčích hniezd,
viac ako nebo plné hviezd,
tak, ako sila púpavy,
keď vietor sfúkne do trávy
jej lupene pre celý svet,
je sila lásky, akej niet

Keď slávik spieva, mám ťa rád,
všetko má hneď správny spád.
I vietor v sade utícha,
jeho pieseň znie do ticha.

Slávičku, slávičku,
máš krásnu pesničku
a pravdu pre lásku,
na jarnom obrázku

A dnes je božia nedeľa,
len keby som vedela...

# Husličky z javora

Mlčia stromy i celá záhrada,
len oči volajú, ako ho mala rada.
Zobrali závoj i šaty neveste.
Kotúľa sa prsteň, čo svietil na prste.

Schovali sa hviezdy i tráva zelená.
Zostal iba smútok a duša zranená

Zahrajte mi pieseň, husličky z javora,
zabudnem na chodník, kam láska chodila
Zašumí spomienkou javorová hora,
veď i pieseň huslí raz javorom bola

Vybrali srdce, celý strom zranili,
aby krásnu pieseň do dreva vložili.
I srdce človeka bolesťou sa mení,
aby krásny život prežil na zemi.

# Jarný sen

Kamienok ti pošlem zo záhrady
ako malé vstupné na záhady,
keď anjel dvere otvorí
na chodník, kde nie sú závory
pre ľudské sny.

Sadneme si spolu pod jablone.
Už ku nám bežia rozprávkové sane
sobích záprahov.

Sane privezú láskyplnú vílu.
Tichučko vzkriesi uväznenú silu
zeme spod prahov.

Je to zem, slnko, či voda?
Tajomná víla, čo zrnku silu dodá?
Čo beží zemskou záhradou
odomknúť život spod prahov?

Záhadná, tajomná božia sila,
do kvapky vody uložila
služobné tajomstvo našej zeme,
ktoré tak ťažko odkryjeme.

Len miluj a chráň krásnu zem.
Život je najkrajší jarný sen

# Mame

I

Po nebi bežia oblaky,
občas sa zmenia na vtáky,
potom na mamu usmiatu,
čo prišíva mi záplatu
na rukáv zodratý.

Čistá ako obrus na oltári
sedí na lavičke s dobrotou v tvári.
Nepozná výsmech vznešených rečí.
Jej pohár čaju, rany mi lieči.

Oblaky bežia po nebi
a biely obrus velebí
pútnik, čo z cesty prach prináša.
Ach mama, mama, mamička naša,
rodiska pokoj svätý.

II

Nový deň prináša nádherné svitanie.
Zdiaľky ma zobúdza matkino volanie.
Marenka vstávaj!

Čas ráno rýchlo beží.
Čelo mi hľadí vánok svieži
a mama svojim vrkočom,
keď nakloní sa nad spáčom.

Svet mojej mamy blízky a známy,
z medu i z blenu poskladaný,
na stene obraz svätej Panny.

Symbol pokoja a oddanosti,
aby nás Boh vzal do milosti,
pomohol prekonať bolesť i trápenie.

Z neba k nám prichádza tajné zjavenie.
Kaluže sveta obísť pomáha.
Ľahšou sa stáva každá námaha.

Marenka vstávaj! - Volá znovu mama.
Otvára sa brána, brána maľovaná.
Svet je taký krásny.
Veď so mnou je stále mama.

# Perníkový koník

To je môj dar.
Láska ukrytá do perníka,
srdce schované za koníka,
aby ho nikto nezbadal.

S ním sa uč.
Koník má krídla Pegasa,
nad mraky ľahko vznesie sa,
aby nám vrátil slnka lúč.

Poletíme s ním do Bagdadu,
prekabátime Loktibradu.
V zázračnej lampe Aladina,
nájdeme snáď i svojho džina.

Keď pristaneme na zemi,
storakou biedou trápení,
zovri koníka ticho v dlani,
chlapec môj, krásny milovaný.

# Rozchod

Lampáš bludičky si postavil ku dverám.
Počkal, až zaspí slnko a nastane noc
a odišiel.

Slzy lúčenia sa kotúľali za ním
a detské hrkálky zazvonili tichučko,
keď prekročil prah dverí.

Na pleci v tanistre si hojdal svoje srdce,
vystrihnuté z papiera a zabalené v pozlátke.

A lampáš bludičky svietil do tmy.
Pozhášal sviece borovíc
i svetlá svätojánskych mušiek.
Pod mäkký mach sa skryli kúzla
všedného dňa.

Lampáš bludičky zeleným svitom
miatol na križovatke ciest.
Stratila sa cesta lásky,
cesta za ametystovým kvetom

## Zblíženie

Drozd si sadol na halúzku čerešne.
Zaspieval čosi krásne a odletel.
Hlas jeho piesne sa mi vtisol do srdca.

Odvtedy rozum a srdce
nevedia sa dohodnúť.
Spievajú dvojhlasne.
Rozum chce zabudnúť, srdce nezabúda.
Rozum chce odísť. Srdce neodchádza.
Rozum chce skončiť, v srdci konca niet.

A tak si nesiem sladké trápenie.
Má presnú krivku neba.
Život je šťastný s tebou - bez teba,
v srdci s hlasom piesne zblíženia.

# Sviatky jari

Pas moje ovečky! Pas moje baránky!
Tichý hlas zvončekov
ukladám do schránky.

Hlas tichých zvončekov
a moje spomienky,
vôňa orgována, trblietanie lienky.

Začiatok je túžba na jarných úbočiach,
život rozžiarený
sviecou jari v očiach.

V tichosti, v pokore
spomínam na slávnosť.
Kreslím ti ovečku,
v nej moju oddanosť.
Zabúdam na mraky, kreslím iba radosť.
Nič viac, iba radosť.

# Tieň jablone

Jabloň moja milá,
prikry tieňom slzy,
trpkosť ktorých pila
láskavá zem.

Jabloň moja milá,
prikry tieňom lásku
na jarnom obrázku.

Prišla čierna víla
a lásku mi skryla.
Ale ja milujem.

# Rieka

Láska odchádza bez ozveny krokov.
Nepočuť ani zvuk kľúča,
ktorý zatvára dvere na srdci,
v ktorom sme sa prestali hľadať.

Slová.

Láska i keď odišla, neodchádza.
Ozvena jej krokov stále sa vracia
do myšlienok.
Pomalé a bolestivé otváranie očí
na brehu rieky.
Na jednom brehu rastie bodľačie,
na druhom brehu voňajú ruže.

Len rieka ostáva riekou.
V srdciach ľudí rovnako je zapísaná naveky.

# II.

# Idem domov

Som tu a mám ťa rada.
Víta ma stará brána,
novo maľovaná, srdcu dobre známa.

Som tu a mám ťa rád.
Víta ma veľký dvor a Breškova búda.
Tu nebola nikdy nuda.

Malé deti v detských hrách
nemali sme nikdy strach,
že odrieme si kolená.

Zem, ako rúno barančeka,
s opojnou vôňou harmančeka,
prestrela koberec, milená.
Chránila nám holé kolená.

Na veľkom dvore býval smiech.
Deti, psík i mačiatka sa smiali.
Veľký kohút a vlak, čo pískal v diali
a volal do sveta.

Ráno a v podvečer v úlohe pastierov
husiam a kravičkám spievali sme pieseň,
pastieri bosí po neskorú jeseň.

Boli sme chudobní? Kto sa o to staral!
Nemáme peniaze! To len ktosi táral.
Pestré kvety mali naše lúky,
práce bolo plné ruky.

Trnavská šíra rovina
vždy mala chlebík pre syna.

Nie, nemôžem sa sťažovať.
Penivé mlieko vždy mala dobrá mať
v rukách večer po zvonení.
Môj hrnček mlieka bola istota,
s večerným zvonom kúzlo života,
na priedomí, na lavičke,
pri rozprávke, pri babičke.

V srdci sedliaka bola pokora,
keď hnal volky večer do dvora.
Múdrosť sa volá jeho roľa.
Sadila do nej božia vôľa.

# Básnikovi

Zastavte dážď, zastavte prúd vody,
nech zasvieti slnko, keď sa básnik rodí.
V kolíske z javora, kde spieva mu hora,
na cestu básnika potichu ho volá

Keď vychádza slnko, hviezdy sa zachvejú.
Jak svätá modlitba jeho verše znejú.
Zlatý dážď sa sype z vysokého neba.
Vchádza do nás radosť, vchádza i veleba.
Živú vodu srdcia pijú

Keď mi víchor svetlo zhasne,
vezmem do rúk tvoje básne,
ako vrúcnu modlitbu.

Keď sa plameň zmení v popol,
chlieb a víno dáš mi na stôl.
Do vína mi pravdu vloží,
v chlebe lásku mi rozmnoží
v tvojich básniach posol boží.

Pokoj duše sa navráti
a na cestu slnko svieti.

# Môjmu bezdomovcovi

Cesty bežia samé, bez majáka,
plné tajomstiev na celom svete.
Cesty bežia samé, až príde láska,
rozsvieti maják o jednej vete.

Ukáže život skutočného sveta,
hrdinom sa stáva veľké dieťa.
Ako prameň vteká do sveta ľudí.
Kým maják svieti, nezablúdi.

Cesty bežia samé, stále rovnaké
tiché i hlasné rána, búrky i slnečné dni,
len listy sú pošliapané po zemi
so slovom nezabudni.

Slabú vôľu vietor nesie.
Koldokola samá jeseň.
Život sa potkýna na rovnom chodníku.
Zabudol na všetko, oddá sa zlozvyku.

Nad nami duch láskavý,
denne deti osloví
a rozdáva pozvánky pre ľudí bez pretvárky
čestne žiť a pracovať.

Pomôže ti vstať zo zeme,
i prekonať trápenie
ak budeš chcieť sám.

## Sloboda

Som slobodná.
Mám slobodné myšlienky,
ktoré ako prstienky
navliekam na slobodný čas.

Mám bohatstvo.
Mám slobodu a nie otroctvo.
Sloboda moja vzletné vtáča,
kam s tebou myseľ moja kráča,
na čo to márnim slobodný čas?

Minúty bežia, prstienky ležia
na stole odložené.
Sloboda je výsmech, prstienky vymyslené.
Tancujú tiene prstov na stene
a márnosť márni čas.

Si blázon, počujem ston,
čo z hĺbky srdca nesie von
myšlienky slabocha a snára,
čo kvapká si pýchu do pohára
a opája ho vlastný hlas.

Slobodná?
Som spútaná od rána do rána.

Kto zráta márne minúty?
Čo moju vôľu prinúti
nehrať sa s tieňmi na stene,
ovládať všetko nechcené
a slobodu nájsť v nás?

Ako ťažko nájdeme silu
slobodne ovládať seba.

# Babičke

Babička krehučká na posteli sedí,
do okna sa díva iba mesiac bledý.
Velebná tichosť náručie otvára,
a detstvo s babičkou v mysli sa vynára.

Babička krehučká ďakuje mi tíško,
ako dobre dieťa, že si ku mne prišlo.
Sama pred sebou všetkú bolesť skrýva,
v náručí mi leží mäkká chleba skyva.

Na hlave ručníček, pekne vyžehlený,
zakrýva babičke vrkoč zapletený.
Navráti sa vôňa materinej dúšky,
v záhradke pred domom rozkvitnuté púčky

Celý deň sa modlí, ruženec preberá.
Až do neba letí prosba a dôvera,
že Boh požehnáva, deti ochraňuje,
do božích rúk ich život zveruje.

# Poznanie

Vánok poznania slabučko pohol
záclonou na okne života.
Cez odhrnutú skulinu som zbadala pokoru
v podobe ženy.
Sedela tichá, láskavá ako istota.

Povedľa nej sedela pýcha a zloba.
I tie mali podobu ženy, hlučné a zlostné
ako naša doba.
Tá známa podoba?
Zľakla som sa. Veď som v nich našla seba.
Vtedy sa pokora na mňa usmiala.

# Priateľovi do misií

Ďakujem za list, čo si nestačil poslať.
Vietor niesol pozdrav a nechcel ma počkať,
aby som ti riekla: najkrajšie sú slová,
ktoré sa počujú, keď sa nevyslovia.

Znovu ťa vidím, ako stojíš v sále.
Opakujem slová, ktoré platia stále.
Rozdávajú svetu tú najkrajšiu vetu:
Nebojte sa, láska božia je tu

Život nám zaznačí adresy neznáme.
Ďaleko od seba, v srdci sa stretáme.
A tak ti posielam krásne kvety jari,
previazané stuhou, nech sa ti vždy darí.

Píšem ti na lístok, uložený v kvetoch,
nech ťa Boh sprevádza
v diaľnych, šírych svetoch.

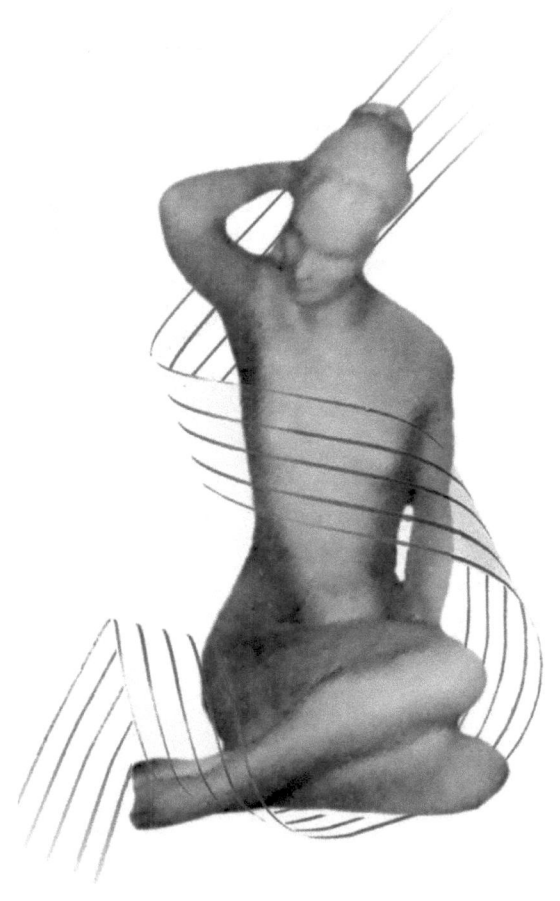

# Umenie

Všetko sa stratilo, zošit i pero,
I plaché vtáča z hlavy odletelo.
Len pieseň huslí poletuje izbou,
vyludzuje tóny silou nebaistou.

Nedýcham i srdce stíchlo.
Tak nežne sladko do duše sa vtislo
omamné, krásne chvenie,
čarovných tónov pohladenie.

Svet tajomný a zázračný
už nesie ku nám dávne sny
a ľudskú bytosť tlačí na kolená.
Myseľ krásou vymenená,
kus neba v sebe zaznamená.

# Milujem Ťa, Pane?

Odpoveď váha.
Pri dverách čaká ozvena blaha,
čo Pieseň piesní nesie svetom,
čarovným slovom, či nežným kvetom,
rozzvučí srdcia ľudským deťom

Milujem Ťa, Pane?
Odpoveď váha.
Bojím sa, Pane, vyzliecť dušu donaha.
Bojím sa odpovede.

Neboj sa, neboj sa odpovede.
Láska je len jedna na celom božom svete,
lebo Boh je láska.

Možno viete, možno neviete.
celé tisícročia ma hľadáte.
A Boh je tak blízko.
Všade vôkol vás, Duch boží je vo vás.

Boží hlas vám volá:
Milujte sa v skutkoch dobra.
Milujte sa v múdrosti srdca.
Je božia vôľa.

# Solveig

Deň na ňu dozerá,
noc ju chráni.

Iba večer rozvinie plachty
na zlatej lodi.
Nesie v nej túžbu,
aby si stál pri kormidle
a viezol ju do zasľúbenej zeme.

Do bubnov sveta
znie jej tichý hlas
so spevom vtákov po záhradách.

Niet sklamania, niet závisti,
slnko píše Solveig listy,
vietor nesie odpoveď.

Taká malá ľudská radosť,
bez nárokov, žiadna žiadosť.
Pre lásku, čo v srdci nosí,
požehnanie božie prosí.

Pán Boh vie, čo nevieš ty.
Si slnko do jej samoty.

# Sýkorečka

V čiernom čepci starej mamy,
golier bielym maľovaný
a lajblíček zelený.

Sýkorečka, krásne bystrá,
so zrniečkom sa poihrá
v pazúrikoch bez dlaní.

Opatrná, nebojácna,
kamarátka moja vzácna
do mrazivých zimných dní.

Sýkorečka, láska zelená,
ľahko nesie zimné bremená
i keď bez piesní.

Tak si nájdem lásku zimnú,
tak ihravú a úprimnú.
Veď v láske sme bezodní.

# Tajomstvo

Láska je obdiv duší.
Srdce to len tuší.
Tajomstvo zasvätenia.

Naboso kráčať po žeravom uhlí.
Sezam, otvor sa - a skaly sa uhli.
I láska má svoje tajomstvá.

Šťastie pristálo na planine srdca.
Znovu sa našla zázračná minca,
zabudnutý sen mladosti v dlani.

Lietame v oblakoch ďaleko od zeme
Tie krásne tajomstvá v očiach si nesieme,
radosť i úzkosť z lásky.

Tvoj obdiv dosiaľ nepoznaný zostal mi v duši
Z krajiny neznámej, čo srdce len tuší,
zostal mi lúč svetla k slnku a ozvena krokov,
Ktorými kráčalo vedľa mňa šťastie.

# Breza

Spŕchlo ti lístie breza biela.
Opadol veniec z tvojho čela.
Môj svet je prázdny bez anjela.

Nerastú krídla pre človeka.
Nepriští prameň živá rieka.
Zázračný paloš sám neseká.

Čo môžem dať, keď sám som biedny?
Zomieram vo tme, žijem pre dni.
Bojím sa zimy, chcem deň letný.

Chceš moju slzu, breza biela?
Je darom vhodným pre anjela,
z boľavej duše slaná perla?

Jednu dám tebe druhú mne.
Vykúpime si pokánie
za lásky našej sklamanie.

# Otče náš

I

Otče náš, vyslov tie dve slová.
Otče náš, vždy znova a znova
príde pokoj boží, v odovzdanosť vloží
život božia vôľa.

Otče náš. Môj Boh a Pán,
po nociach rátam údel rán.
Vinná či nevinná?
Časť viny si navlieka
prapodivná D.N.K.

Tie prapodivné špirálky
splietajú so mnou korálky,
ktoré Ti Pane ponúknem,
keď dobehne v cieľ nultý deň.

Otče náš, vyslovím tie slová
a znova a znova príde anjel boží
a korálky vloží
na misku božích váh.

## II

Otče náš, aké krásne slová.
Aká radosť rastie v hrudi.
Pokorní sme i hrdí,
na otca stvoriteľa sveta,
aká významná je veta,
Otče náš, ktorý si na nebesiach.

Máme Ťa na dosah,
v srdciach i v myšlienkach,
si všade s nami v každej chvíli,
aby sme s Tebou v pokoji žili

Otče náš, slová skromné a vzácne.
Od vekov ľudstvo nevedomé,
skrývalo božstvá v svojom dome.
My sa modlíme, Otče náš.
Žehnáš nám príbytky v každý čas,
všetkým, čo o to stoja
a s láskou vyslovujú slová, Otče náš.

# Večný havran

Bohom milovaná, diablom oklamaná.
Sama neviem, som líška alebo som vrana?

Na brehu času stojíme deň po dni.
Čakáme mĺčky, či sa nám rozodní.
Či vezme líška tvaroh havranovi.
Či skončí zápas večný, stále nový.

Bože dobrý, pomôž havranovi.

# Kryštálová slza

Odišla láska vieme,
stratil sa bod, stred zeme,
srdce je pusté, nemé.

Šaliem snáď, svet nevnímam,
raz plačem, raz spomínam,
modlím sa i odpúšťam.

Kto navráti duše vzlet,
kto dá jasnú odpoveď,
či má lásku tento svet?

V tom nekonečnom chaose,
prichádza slza v ohlase.
Tie malé kvapky z kryštálu,
odnesú bolesť zo žiaľu.

Darom ti bude mlčanie.
Veď láska vo mne stále znie.
A nikto ti to nepovie,
len slza v očiach odpovie:

Buď láskou sám a láska znovu príde.
Z tvojho srdca ti požehnanie vzíde.

# Myšlienka

Slnko sa usmieva, vzduch sa chveje.
Okolo nás je plno energie
a ukrytej sily myšlienky.

Myšlienky letia v križovatkách sveta.
Od srdca k srdcu nesie sa odveta.
Bojím sa myšlienky, čo srdce zraní.
Krásna je myšlienka, čo lieči rany.

Čo srdce vysiela, to sa mu vráti.
Na cestách božích nič sa nestratí.
Od srdca k srdcu nesie sa odveta,
láskavé myšlienky sú požehnaním sveta.

Nikto teraz nevie aká je jej cena,
ako tvár mesiaca od nás odvrátená.

# Vôľa

Veď človek môže veľmi veľa.
Pripnúť si krídla archanjela,
či meč si vložiť na svoj štít.

Skôr ako príde nové ráno
držať už v rukách vlastné lano
a nezávidieť pavúkovi niť.

Aj lásku vložiť do minciera,
i keď sa všetko ľudské vzpiera,
váhadlo nechať vyvážiť.

Upevniť skobu do lásky srdca.
Nechať sa stráviť ako svieca,
lebo len tak je hodno žiť.

# III.

# Kráľovstvo

Slnečný ranný lúč
ponúka zlatý kľúč
od brány kráľovstva.

V mojom kráľovstve mám záhradku.
Celý rok v nej čítam rozprávku
z božích rúk.

Chveje sa stebielko, z malého semienka.
Kto že mu otvoril na zemi okienka
a povolal ho na svet?

Dnes v záhradke leto spieva.
Každý kvietok sa usmieva,
šíri sa vôňa z lúk.

Zornička rozsieva rosu do trávy.
Zlatom vyšíva košieľku púpavy.
Zhasína sviece hviezd.

Radosť sa sype z konára,
keď slávik piesňou otvára
okná vtáčích hniezd.

K piesňam sa pripája symfónia včiel.
Tancujú po kvietkoch, keď zbierajú peľ,
na svadbu kráľovnej.

Pokoj sa vkráda do duše,
otvára božie náručie,
pre láskavý deň.

# Ako dažďová kvapka

Dažďová kvapka, ako počiatok mora,
ako bohatstvo zeme.

Čas jej bytia akoby ani nebol.
Úžasnutú pohľadí slnečný lúč
a vyzdvihne k sebe na oblohu.

Keď spadne z vetvy na jabloni
a ticho sa k zemi skloní,
v tisícich premenách rastie i zomiera.

Dažďová kvapka ako by ani nebola.
A presa je bohatstvom zeme
a večnosťou mora.

Na ciferníku vesmíru
stráca sa čas nášho bytia
ako dažďová kvapka v mori.

Zabúdame,
že sme vlastníkmi bohatstva zeme
a zlo jej chystá súdny deň.

Ale Múdrosť a Láska
nám v tichosti, bez náhlenia
objavujú raj.

# Protiklady

Nádherný orchester na svitaní
cez okno ma hľadí pri vstávaní
a dáva silu do nových dní.

Len sa nevzdať, všetko zniesť.
Zniesť i zlobu ľudských hniezd,
keď chcú odniesť moje sny.

Nádherný orchester na svitaní,
nastaví zrkadlo mojich prianí.

Zbieram hriechy po chotári.
Zapálim ich na oltári
Seba vložím do popola

V tom prekrásnom rannom tichu
Chcem pochopiť zlo i pýchu.
Kam odchádzajú sny.

Neodnáša sny na krídlach
lenivosť a ľudský strach?

# Mamička

Krásne sú chvíle, keď uprostred leta
navrátia sa deti mamičke zo sveta.
A mama vyzerá, postáva pri dverách,
keď počuje kroky, s úsmevom na perách
pritúli si deti v srdečnom objatí,
do celého domu radosť sa navráti.

Tak mamy čakajú doma svoje deti.
Len čas nezastaví, stále rýchlo letí.
Raz zradný kalendár, odnesie milú tvár.
Na zem príde anjel boží
a mamičke do rúk vloží pozvánku do neba.

A deti šepkajú, najdrahšia, jediná,
príjmi vrúcnu vďaku od dcér a od syna.
Všetko si nám dala, málo si dostala.
Keď bol život ťažký, vždy si pri nás stála.

Tvoju lásku, mama, nikdy nesplatíme.
Len slovo mamička v srdci si nosíme.
V krídlach bielej holubice
bdie nad deťmi drahé srdce.
Letí ku ním z oblakov, robí tisíc zázrakov.
I z neba ich sprevádza, ta láska sa nestráca.
Naveky.

# Život

Spím a pri mne stojí smrť.
Láska šepká vôkol: Buď, Pane,
ako buď, tvoja vôľa

Život dozrieva, možno nedozreje.
Prosím Ťa, Bože, nezbav ma nádeje.
Nechaj ma tušiť slnko za mračnami,
že po búrke dúha zasvieti nad nami.

Ten údel priťažký všetkých nás vydesil.
Dve strany mince nám na stôl položil.
Na jednej je život, na druhej smrť.
Láska šepká vôkol: Buď, Pane, ako buď.

Duch boží mi vlieva útechu do džbána.
Pijem ju s pokorou, od rána do rána.
Pozliepa mi dušu údelom rozbitú.
Raz výjde hviezda na temnú orbitu

Keď zasvieti slnko do nového rána,
vzdávam vďaky a velebím Pána.
Ach život prekrásny, studnička studená,
až na dne pochopím, čo život znamená

# Ave Mária

Keď mi ktosi krásne spieva Ave Mária,
srdce sa mi rozochvieva
a potichu spolu spieva,
bolestivá, trpiaca, Matka láskavá,
v nešťastí a v trápení silu mi dodáva

Trpela zo všetkých strán.
Koľko znieslo ľudských rán
srdce všetkým otvorené,
zlobou sveta pokorené.

S mŕtvym synom v náručí
matka všetkých presvedčí
o víťazstve lásky, pravdy,
ktosi bude spievať navždy.

# Majestát smrti

Stojím pred smrti majestátom.
Nekonečný priestor, nekonečný dom,
otvára jeden kľúč, láskavý svetla lúč,
utkaný z myšlienok.

Oči sa otvoria, tajomstva niet,
nová dimenzia, v nej nový svet.
Netreba sa pýtať, netreba odpoveď.
Všetko je priezračné,
netká sa klamstva sieť.

Myšlienka moja, moje odsúdenie?
Myšlienka moja, moje povýšenie?
Myšlienka moja, nie som to ja,
neopakovateľná, jediná,
do božej siete vložená?

Myšlienka spája nebo a zem,
lebo v myšlienke neklamem.

-

Boh hľadí na srdce
a v myšlienke hľadá úmysel.

# Slza

Som slza z tvojich očí.
Slza, čo po stáročí
odnáša plač ľudí do hlbín mora
a odtiaľ na nebesia,
kde slzy pred trónom božím prosia
o požehnanie

Slza je dar boží.
Slza viny a slza pokory,
okno do duše otvorí.
Priletí holubica pokoja.

Biela holubica objaví novú zem.
Zelenú ratolesť z nej prinesiem.
Vyrastie nádej pre nový deň

Som slza tvoja a slza všetkých.
čo pre lásku chcú zomierať
a so slzou pre lásku žijú.

# Idem domov - repríza

K chodníku životom otvorená brána.
Na starej jabloni mašlička potrhaná.
Do mysli sa vkráda takmer sama hana.
Nedopíšem hriechy do samého rána.

Láska dobrotivá vidí na dno duše.
Nemôžem už schovať otvorené skrýše
čiernych havranov, jedovatých zmyjí
i jed z pohára.
Všetko zakryté plachtou oltára.

Tak tu kľačím, duša vzdychá.
Kam ma to viedla ľudská pýcha.
Kam ma to viedol svetský mamon,
vedený diablom, jeho klamom.

Sám som tu s tebou, láska dobrotivá.
Dobrota tvoja láskavo sa díva
na všetky sľuby, na všetky slová.
Svet sľubov beží stále dookola.

Tak idem k tebe, bez obhájcu sam.
Cesta bola dlhá, kameň, plná jám.
Medzi kamenami kamenná fialka,
na kameni rástla naša skromná láska.

Ty ma neodsúdiš, nie sme dokonalí.
Veď moja pokora prišla tak pomaly.
Pritúľ ma, môj Bože. Idem domov k tebe.
Teba som si vybral. Viac mi nie je treba.
Zmiluj sa nado mnou, bývať vedľa Teba.
V nevýslovne krásnej,
v nevýslovne tajomnej vlasti duše.

# Rozlúčka

Jablká padajú, obilie dozrelo.
Žatevné vence pokropili slzami
aby si cikády omyli husličky,
keď budú hrať pieseň na rozlúčku.

Na dome sú okná otvorené dokorán.
Broneli sa v nich rána na úsvite
a mesiac nimi nocou vnášal
jabloňový sad do tvojich snov.

Ako si miloval jablone. Prosím nebesia
aby si našiel rozkvitnuté jablone
a tvoja duša radosť a večný pokoj
v jabloňovej záhrade.

Cikády budú do rána
spievať pieseň na rozlúčku
a slzy odnesú bolesť
do mora večnosti.

# Smútok

Čo môžem chcieť viac?
Môžem sa dívať na mesiac,
počúvať pieseň cikády
a bežať ako za mladi,
na hore krížom do poľa
priniesť si pierko sokola
alebo ležať hore znak,
počuť, čo vraví vlčí mak
i vzdychy zrelej pšenice.

Keď opriem rebrík o mraky,
zjavia sa malé zázraky.
Kým včielka zomrie na kvietku,
ďateľ vyťuká večierku,
pavúk mi sadne na vlasy,
ruža vykvitne do krásy,
obloha v purpur odetá
vtáčatká láka do sveta.

Tie malé veľké zázraky
odnesú smútok za mraky.

# Depresia

Človek by plakal, no slzy nemá.
Srdce i duša je taká nemá.
Nevníma žiadne odkazy.
Každá neha sa odrazí
od skaly, čo tvorí smútok.

Anjel strážny hľadí zmätene.
Kde sa vzalo toľké trápenie?
Ostal iba život.
Úlomky rozbitého sna
ležali vedľa mňa.

Slnko cúva, hviezdy padajú.
Schúlená v temnote pod skalou,
s myšlienkou smutnou, zúfalou,
strážne ohne o pomoc volajú.
Začínam stavať svoj vesmír v sebe,
o milosť prosím láskavé nebe.

## Lámanie chleba

Obraz raja máme všetci vlastný.
Identity niet.
Vertikála a horizontála delia svet.
Kde sa stretnú, vznikne kríž.
Keď si dušu pri ňom obnažíš,
môžeme byť k sebe trochu bližšie.
Zdvihne nás možno vyššie od zeme.

Utrpenia sa nezbavíš.
Keď v úsmeve slzu objavíš
bolesť duše pochopíš v hĺbke ukrytú.

Pri lámaní chleba uvidíš,
ako radosť drží za ruku utrpenie.

# Radosť

Láska je zložitá.
Radosť je jednoduchá,
prichádza bez hľadania.
Citlivo a opatrne sa dotkne duše.

Vchádza do srdca.
Na jeho dne načiera živú vodu
a obnovuje silu ducha.

Nemá nároky, nemá požiadavky,
ako úsmev dieťaťa v náručí matky,
vysiela šťastie a pokoj.

Ako modlitba kľačí pri dverách božích,
otvára cestu medzi nebom a zemou
a prináša požehnanie.

Pozná cenu všedných vecí,
čo nám život k nohám kladie.
Krásu sveta nájde všade, vôkol nás.
Kým hľadáme zlatý vlas.

Zložitá je láska.
Radosť je sedmokráska, rozsiata po zemi.
Čo láska pozbiera, cestou stratí.
Keď láska odchádza, radosť ju vráti.

# Svornosť nám chýba

Slovensko moje, krásna zem.
Na zlatú stuhu napíšem:
Boh žehnaj moju zem.

Bralá, čo sa nebies dotýkajú,
úbočia závoj z kvetov vyšívajú,
šíre polia chlieb deťom chystajú.

Spod brala strieborný potôčik vyteká,
krásna dievčina vrkoč si zapletá.
Vrúcna modlitba hospodára
poklady zeme pootvára

Už beží potok, potom rieka.
Voda s vodou do doliny vteká.
Nesie život na úrodné polia,
kde žať nás všetkých prepelička volá.

Chráň nás, Pane, od vtákov na konároch
čo hádajú sa v ustavičných svároch.
Kričia čin-čin, len činy nie sú.
Nepokoj a zlobu v zobákoch nesú.

Škovránok spieva tichým hlasom:
Zmiluj sa Bože nad chaosom.
Túžime všetci po pokoji.
Veď nie sme cudzí, všetci sme svoji.

Stále tri prúty Svätopluka.
Stále tá istá jedna muka.
Na zlatú stuhu napíšem:
Pred nesvornosťou, Bože,
ochraňuj našu zem.

# Ráno v záhrade

Skôr ako prejdem ráno po maliny,
skrášli mi čelo veniec z pavučiny.
Tú jemnú, nežnú slávobránu,
chystá mi pavúčik vždy k ránu,
na chodníku do záhrady.
Potom sa s vláknom spustí až k zemi,
a ticho šepká: "Nie si opustený."

A tak si kráčam ráno po maliny
a nájdem domček, čo vyrástol z hliny.
Domček, čo nemá dvere ani strechu.
Vyzerá, ako malý kopček - k smiechu.
Pre krtka veľký mrakodrap.
I ten mi vraví: "Mám ťa rád."

A tak si kráčam ráno po maliny.
Môj drozd už zbiera ostružiny.
Hlasno spieva do celej záhrady:
„Všetky drozdy ťa majú radi."

Kráčam si ráno po maliny.
Slimáčik v tráve učupený,
písal na chodník postriebrený:
„Senior, nie si opustený."

A potom motýľ, včielka ba i ščipa,
ako nazvala dcérka osu,
zbierajú pri mne do krčiaška rosu.
A slnko vlieva vôňu do kvetov.
Toľká krása tých malých božích svetov
zapĺňa všetky kúty záhrady.

Usmieva sa ruža biela,
čmeliak, čo si šťavu zbiera.
Všetky lístky zvonia radosť.
V spomienkach sa vráti mladosť

Tak si kráčam ráno po maliny.
Zrazu svet je celkom iný.
V záhrade na cestičkách
môžeš tiché šťastie nájsť.

# Raj

Ľudia zomrú. Prestrihnú tajomstvo.
Smrť ich berie do náručia
a odnáša do príbytkov
na niektorú z miliardy galaxií

Kto vie, na ktorej galaxii je raj?

Zjavila sa mi raz vo sne láskavá pani.
Mala raj v tvári, v očiach i v slovách.
I keď som nerozumela tým slovám,
zatajovali vo mne dych.
Ako dážď rieku, naplnili moju dušu
láskou a radosťou
ktoré robia život krásnejším.

Ale srdce ich postráca
po ceste všedných dní.
A stratí svoj raj

## Zem

Červené maky varujú v obilí.
Zem mlčí, nič ju nebolí.
Každému otvára svoje brány,
nežaluje sa na svoje rany.

Myslíme na zem a máme strach,
že bez stopy nás zmetie prach
atómovej smršte.
Kráčame znovu z raja do púšte?

Tak, prečo toľko nenávisti,
prečo si nikto nie je istý,
že zasiahne ho šialenec?

My skladáme sa na veniec
obetiam ľudskej zloby.
Zabúdame, že bohatstvo zeme
nám bolo dané.

Neplatíme zemi dane,
šliapeme po zákone:
Milovať budes svojho blížneho.

Vymýšľame hrozné zbrane.
Zabíjame, hoci sa modlíme:
Odpusť nám naše viny,
ako i my odpúšťame.

Rozbíjame osudné tabule,
poriadok pre život, obraz božej vôle.
Nezabiješ, znie božia veta,
život je vec svätá.
Najväčší dar sveta.

# O autorke

Mária Jurková, vlastným menom MUDr.
Mária Šujaková, sa narodila v malej dedinke
Klčovany (teraz Boleráz - Klčovany)
v okrese Trnava.

V mladosti zažila nemeckú okupáciu a po
nej príchod ruskej armády. V Trnave chodila
do Uršulínskeho gymnázia. Po maturite
odišla do Bratislavy, kde vyštudovala
medicínu na Lekárskej fakulte. Tam sa
spoznala s manželom MUDr. Andrejom
Šujakom. Narodili sa im 3 deti. Súčasne žije
v Galante v rodinnom dome.

Svoje básničky začala písať na ľudovej škole,
neskôr na gymnáziu a na vysokej škole,
menej už v zamestnaní. Ako študentka veľa
čítala prózu i básne, ale k štúdiu o tvorbe
poézie sa nedostala. Do básní vkladala
rôzne situácie zo svojho okolia i vlastné.
Básničky sú rôznorodé, podľa toho, v
ktorom období ich písala.